AF462027

Stephen Liégeard

À Monsieur le Baron
Yves de Constantin
en très sympathique hommage,
Stéphen Lidgeard

N° 58

Il a été tiré de cet ouvrage :

10 exemplaires sur Japon	*1 à 10*
50 exemplaires sur Hollande	*11 à 60*

LES HOMMES ET LES ŒUVRES AU XXe SIÈCLE

Stephen Liégeard

L'HOMME POLITIQUE

L'ORATEUR -- LE PROSATEUR

LE POÈTE

par

LE BARON YVES DE CONSTANTIN

PARIS

L'ÉDITION

4, Rue de Furstenberg, 4

1909

AVANT-PROPOS

Il est toujours délicat d'écrire la biographie d'un contemporain : ou l'éloge décerné paraîtra au lecteur, trop excessif, ou la critique lui semblera trop amère.

Dans un cas, l'auteur passe pour avoir un mauvais caractère, dans l'autre, pour être un adulateur.

Aussi bien ce double écueil est-il facile à éviter quand il s'agit de retracer les étapes d'une vie tout entière consacrée au Bien, au Beau et au Vrai, comme l'est celle de M. Stephen Liégeard.

« L'homme juste, a dit Platon, nous apparaît évidemment comme bon et savant, l'homme injuste comme ignorant et mauvais. »

Or, tous les actes de Stephen Liégeard n'ont ils pas été inspirés par cette bonté et par ce savoir qui font l'homme juste ?

Que ce soit au début de sa vie, aux heures de la formation intellectuelle, que ce soit au collège, à l'Ecole de droit, au Corps législatif, à la présidence de la Société Nationale d'Encouragement au Bien : qu'il prenne la parole, qu'il écrive en prose ou qu'il martèle des vers bien frappés, c'est toujours l'idéal qui l'inspire.

Et en voulant retracer brièvement cette carrière déjà si noblement remplie, nous avons la bonne fortune de n'avoir qu'à la suivre dans sa production littéraire et oratoire. Bientôt, nous l'espérons, le talent de Stephen Liégeard recevra en plein épanouissement, dans la plénitude de sa splendeur, la consécration suprême désirée par tous, lorsque les immortels appelleront au milieu d'eux cet orateur éloquent, ce prosateur distingué, ce poète tour à tour délicat et vigoureux, doux et énergique, toujours élevé,, toujours nourri de pensées nobles et touchantes inspirées par la vertu et par le patriotisme.

Il nous suffira donc d'étudier M. Stephen Liégeard dans ses œuvres pour montrer qu'il fut toute sa vie un homme de bien dans toute l'acception du mot.

Car, homme de bien ne signifie pas seulement le philanthrope ouvrant largement sa bourse aux déshérités et aux vaincus d'ici bas ; il ne signifie pas seulement la droiture de conscience et la rectitude de vie ; l'homme de bien, c'est encore l'orateur, l'écrivain, le poète qui, par la parole et par la plume, attire les intelligences et les cœurs vers le culte du Vrai, du Beau et du Bien.

Or, encore une fois, Stephen Liégeard a marqué dans toutes ses œuvres, qu'au milieu des lâchetés, des hypocrisies et des bassesses de la triste époque que nous vivons, il demeure l'amant fidèle de l'idéal.

Ce n'est donc pas une simple biographie que nous avons écrite, c'est un modèle que nous proposons à la jeune génération qui se lève.

NOTES BIOGRAPHIQUES

François-Emile-Stephen Liégeard, officier de la Légion d'honneur, officier de l'Instruction publique, commandeur de la Rose du Brésil, et du Christ de Portugal, officier de Saint-Charles, chevalier de Saint-Grégoire-le-Grand, du Venezuela, officier de l'Ordre du Sauveur, officier de l'Etoile Polaire, etc., est né à Dijon.

Après de brillantes études au lycée de cette ville où il remporta les prix d'honneur de rhétorique et de philosophie, il suivit les cours de droit et obtint la médaille d'or au Concours du Doctorat.

Ses débuts au barreau, dans une retentissante affaire devant la Cour d'assises de la Côte-d'Or, attira l'attention générale sur lui ; le gouvernement impérial, désireux de s'attacher ce talent naissant, le nommait, quelques mois plus tard, c'est-à-dire en 1856, conseiller de préfecture de la Drôme.

Successivement sous-préfet de Briey (Moselle), de Parthenay (Deux-Sèvres) et de Carpentras (Vaucluse), il donna sa démission en 1867 et fut élu, cette même année, député de la Moselle.

Un poème : *Les Abeilles d'Or*, en l'honneur de l'Empire et de Napoléon III, venait de le mettre en vedette comme poète.

Un grand nombre d'électeurs réclamèrent sa désignation comme candidat officiel.

Le gouvernement céda à cette flatteuse insistance des plus hautes personnalités impérialistes du département de la Moselle et le 24 mars 1867, M. Stephen Liégeard était choisi comme candidat officiel au corps législatif, dans la circonscription de Briey-Thionville.

Après une lutte très vive contre le baron de Gargan et le comte d'Hunolstein, M. Stephen Liégeard triompha à une forte majorité.

Appartenant au groupe de la majorité dynastique, M. Stephen Liégeard ne craignit pas, cependant, de lui faire entendre des avertissements ; c'est qu'avant tout il voulait accomplir ce que sa conscience et son amour du pays lui dictaient.

Le gouvernement impérial ne prit pas ombrage de cette franchise et de ce libéralisme. Il accorda de nouveau son appui au jeune député qui fut réélu le 24 mai 1869, à l'unanimité des suffrages (27.000 voix).

M. Stephen Liégeard s'inscrivit alors au groupe des

1.

116, signa la demande d'interpellation de ce groupe et fut du « Tiers parti libéral. »

Il vota *pour* la responsabilité ministérielle, *pour* le choix des maires dans les conseils municipaux, *pour* la revision de la législation sur la presse.

Aucune question ne le laissait indifférent ; il était un député *travailleur* et *soucieux* des responsabilités de son mandat.

Il prit part avec talent aux discussions budgétaires, aux questions de tarifs, d'instruction, etc., et le 14 juillet 1870 il fit voter un crédit de cent mille francs pour l'expédition au pôle Nord.

Puis ce fut la guerre avec la Prusse, les désastres, la révolution du 4 septembre.

Malgré les sollicitations dont il fut l'objet de la part des électeurs de plusieurs circonscriptions, M. Stephen Liégeard renonça à la politique et se consacra complètement aux Lettres.

Certes il resta fidèle au régime qu'il avait aimé et servi.

Il a conservé dans son cœur le culte des Napoléons. Fidèle aux empereurs morts et à l'impératrice survivante, il a conservé intacte sa foi politique, ce qui faisait dire à M. de la Sizeranne :

« Dans cette nuit on aperçoit vaguement une ruine qu'un lierre cherche à voiler et à poétiser. Cette nuit, c'est la défaite ; cette ruine, c'est l'empire ; ce lierre, c'est Stephen Liégeard. »

Quel plus bel éloge pourrait être fait d'un homme !

La fidélité aux princes qu'il servit, l'amour débordant de l'humanité, l'admiration profonde de tout ce qui touche à l'idéal, ce sont ces sentiments qui, après la défaite, arrachèrent Stephen Liégeard à la stérilisante politique et l'amenèrent au culte des Muses pour lesquelles, dès sa plus tendre enfance, il avait eu une inclination.

Délaissant les discussions des assemblées parlementaires, il se confina dans les travaux littéraires, faisant alterner les ouvrages en prose avec les strophes harmonieuses.

Profondément imprégné des idées de philanthropie et de mutualité, il n'a cessé de répandre le bien autour de lui.

Aussi, lorsque dans un élan de gratitude et d'admiration, le Conseil de la Société nationale d'Encouragement au Bien le porta, à l'unanimité, à la présidence, n'y eut-il parmi les phalanges des lauréats de la vertu qu'un cri d'approbation.

Un dernier trait peindra l'homme estimé de tous, aimé par tous ceux qui le connaissent.

Récemment, comme il surveillait les vendanges, en son beau domaine de Gevrey-Chambertin, nous nous permîmes de solliciter de sa bienveillance quelques lignes de préface pour les premiers essais poétiques d'un ami, officier des plus distingués. Il nous répondit :

— J'ai mille préoccupations en ce moment, je prépare moi-même un nouveau volume de vers dont je corrige les épreuves, je suis quelque peu fatigué, mais puisqu'il s'agit de vous faire plaisir, je n'hésite pas.

Et il écrivit un véritable chef-d'œuvre de critique littéraire que nous reproduisons plus loin.

Faire plaisir : voilà les mobiles qui, à l'égard de tous, guident les actes de Stephen Liégeard.

Tout l'homme est peint en ces deux mots.

L'ORATEUR

AU CORPS LÉGISLATIF

L'ORATEUR

AU CORPS LÉGISLATIF

Pour connaître et apprécier Stephen Liégeard, il suffit, ainsi que nous l'avons dit, de connaître son œuvre, car toute son âme y est renfermée.

Pendant les quatre années qu'il a passées à la Chambre des députés comme représentant du département de la Moselle, Stephen Liégeard, quoique tout jeune, attira l'attention publique sur lui, par des discours éloquents sur des questions fort importantes.

Dans ces discours, il y a encore à glaner, malgré le changement de régime, malgré la marche des idées, malgré la poussée formidable du socialisme et la ruée de toutes les classes de la société vers les jouissances matérielles.

Un vent de folie semble souffler sur ce malheureux pays, tout le monde veut jouir, tout le monde veut émarger sous une forme quelconque au budget national, et la France se meurt de l'égoïsme mal compris qui arrête la natalité en même temps que de cette plaie appelée le fonctionnarisme.

LE SUFFRAGE UNIVERSEL

D'aucuns ont voulu voir la cause de tout le mal dans le suffrage universel, accordé par Napoléon III.

Et nous entendons même des révolutionnaires, tels que ceux de la Confédération générale du Travail, prétendre que le suffrage universel n'assure au peuple aucune garantie.

Stephen Liégeard répondait, dès 1873, à des critiques qu'il pressentait :

— Le suffrage universel (1) est une puissance qui existe, qui ne se laissera pas mutiler, ni détruire, avec laquelle, par conséquent, il faut être en mesure de compter. « Puissance aveugle », s'écrient ceux qui en ont été meurtris ; « puissance à vue fatiguée », dirai-je plutôt, qui réclame une lumière discrète, également distante des ténèbres et de l'éblouissement.

« A ceux qui briguent ses faveurs, de savoir l'éclairer. Pour le faire, l'éclat de la parole est bon, et meilleur le reflet des actes. Surtout, il convient de ne point venir à elle aux dernières minutes de la dernière heure. Mais si, d'avance, en prévision de la lutte, chaque candidat possible dit, en s'adressant au pays : « Voilà ce que je pense, voilà ce que je ferai », si surtout, il peut ajouter : « voilà ce que j'ai fait », le bon sens des masses ne s'y trompera pas ; il saura choisir. *Election* ne veut pas dire autre chose. »

---

(1) *Trois ans à la Chambre*, Dentu éditeur, 1873, page 1 et suivantes.

Ces vérités ne sont-elles pas d'actualité, et les conservateurs, décimés depuis quelques années, ne doivent-ils pas reconnaître qu'ils sont en grande partie responsables des désastres éprouvés ?

Sans doute, la pression et la fraude leur ont enlevé nombre de sièges, mais lorsque le pays leur a demandé :

— Qu'avez-vous fait ? Que faites-vous ?

Qu'ont-ils pu répondre ?

Ont-ils seulement défendu pied à pied les principes de conservation politique, sociale et religieuse ?

Que font-ils en ce moment à la Chambre ?

Combien font entendre la voix de la conscience nationale, le cri de la protestation contre les infamies commises ?

Où est la résistance ? Où est la défense ? Où est surtout le programme d'action ?

Et comme Stephen Liégeard avait une vision réelle de l'avenir, quand il écrivait ces lignes prophétiques :

« Le maniement du bulletin de vote contre le brigandage social éviterait la nécessité ultérieure du fusil de chasse et du revolver. Indifférents ou affolés, n'ont-ils pas bien des négligences à déplorer, bien des hésitations à maudire, ces conservateurs qui finiront, s'ils n'y prennent garde, par ne rien conserver du tout ? Le suffrage universel, sauf exception pour quelques grandes cités atteintes du radicalisme héréditaire et chronique, n'est une arme dangereuse que pour les timides, qui s'en défient ou pour les maladroits qui en usent au rebours. Il a sauvé naguère la France : pourquoi la perdrait-il aujourd'hui ? »

En tout, Stephen Liégeard est un homme consciencieux ; député, il remplit son mandat non seulement avec talent, mais surtout, ce qui est plus rare, avec conscience.

***

LA RÉORGANISATION DE L'ARMÉE SOUS L'EMPIRE

C'est ainsi qu'appuyant les projets de réorganisation de l'armée française, Stephen Liégeard prononça un discours très serré et très documenté, le 20 décembre 1867, pour montrer la nécessité de cette réorganisation :

« Nous voyons (1) de nos jours, dit-il, la durée du service fixée à 20 années en Russie, à 19 ans en Prusse.

« Dans la loi que récemment le Reichstag votait pour la Confédération de l'Allemagne du Nord, mêmes sacrifices onéreux sont imposés aux divers âges de la virilité ; car d'armée permanente en réserve, de réserve en landwehr, de landwehr en landsturm, le soldat parti de chez lui à 20 ans, se trouvera en compter 42 lorsqu'il obtiendra son congé de libération définitive. Et le législateur, sous

(1) *Trois ans à la Chambre*, page 31.

sa règle inflexible, courbe indistinctement tous et chacun : *ce n'est pas une armée, c'est en quelque sorte une nation en armes.* »

L'orateur conjurait le corps législatif de ne pas perdre de vue la nécessité d'une organisation.

« A côté de la joie du foyer, il y a l'honneur du drapeau ; à côté de la voix de la famille, il y a l'appel sacré de cette autre famille de tous les Français qu'on appelle la patrie.

Et il ajoutait :

« Eh bien ! vers ces parages où la France finit, où commence l'Allemagne, si grande que soit la bonne volonté de fermer l'oreille aux bruits qui traversent le grand fleuve, force est parfois d'entendre, sans même écouter ; et qu'entend-on ? des exaltés, dans l'enivrement prolongé de victoires inespérées ne point craindre de discuter froidement la possibilité d'une annexion de la Lorraine ou de l'Alsace à la patrie allemande ; des gazetiers de Berlin demander, avec une gravité comique, qu'en compensation de l'évacuation si douloureuse pour eux de la citadelle de Luxembourg, les fortifications de Thionville, de Metz, de Longwy soient démantelées ; des soudards, le poing sur la hanche, se donner rendez-vous sous les murs de Paris et promettre à leurs chevaux de les faire désaltérer dans les eaux de la Seine ! »

Hélas ! ceci se réalisera ; malgré le projet impérial donnant à la France 1.200.000 soldats exercés sans augmenter lourdement les charges du budget ; malgré le grand principe d'égalité consacré que « tous doivent le service au pays en temps de guerre », malgré l'appel éloquent de M. Stephen Liégeard, la réforme fut retardée.

Il est vrai que les républicains, les émeutiers du 4 Septembre, les Jules Favre, Picard, Garnier-Pagès, Glais-Bizoin, etc..., se refusaient à armer la nation !

Ils avaient peur de la garde prétorienne.

Sinistres farceurs qui mettaient les intérêts de parti avant ceux de la patrie !

— Canon, ton règne est passé ! s'écriait Jules Simon, le 5 juin 1870 ! et deux mois après, c'était Reichshoffen.

L'histoire est un éternel recommencement. Aujourd'hui MM. Hervé, Jaurès rêvent à leur tour de désarmement et de paix universelle.

LES TRAITES DE COMMERCE

Le patriotisme éclairé de M. Stephen Liégeard l'incita encore à intervenir dans la question des traités de commerce.

Le député de Thionville le fit avec sa franchise habituelle, il sut trouver des accents éloquents pour toucher l'Assemblée.

Hélas ! quelques mois plus tard, c'était la guerre c'était l'écrasement de la France, mais ainsi que nous l'avons déjà dit, Stephen Liégeard, l'âme brisée, renonça à la politique.

Ce fut d'autant plus regrettable qu'à l'Assemblée nationale, aucun département de la Moselle ne sut défendre quelques parcelles de territoire peu importantes en apparence, très considérables en réalité par les richesses incalculables qu'elles recèlaient dans leurs flancs.

Cette triste abstention a inspiré une page touchante à M. Stephen Liégeard :

« Quant à la pauvre Moselle, dont j'avais, en la circonstance, plus particulièrement soutenu les intérêts, démembrée aux trois quarts par les préliminaires de Versailles, frappée de nouveau à Francfort par le traité définitif du 10 mai *qui lui enlève ses derniers terrains métallifères et augmente ainsi d'un milliard l'effroyable tribut que nous soldons à l'Allemagne*, écrasée en dernier lieu par une aggravation de l'occupation étrangère dont bénéficièrent (on ne sait pourquoi) des voisins plus favorisés, la Moselle expirante n'a pas eu la consolation d'entendre une voix, une seule voix, s'élever pour sa défense, du groupe de ses nouveaux représentants. Sans expérience comme sans relations, ceux-ci ne lui eussent pas même sauvé son nom ! »

De fait, ce fut M. Billy, représentant de la Meuse,qui demanda la dénomination du nouveau département de *Meurthe-et-Moselle*.

L'Empire avait jadis donné *Rhin* et *Moselle !*

Douze communes furent sacrifiées ; or, ces douze communes représentant seulement une population de huit mille âmes et une superficie de 10.000 hectares auraient pu être sauvées.

Mais M. de Bismarck n'ignorait point leurs richesses métallifères estimées plus d'un milliard.

***

GUSTAVE LAMBERT ET LE POLE NORD

Nous aurions encore à citer de brillantes interventions de M. Stephen Liégeard, au sujet du déclassement des tribunaux de Metz et de Thionville ; des chemins de fer ; de l'augmentation du traitement des facteurs ruraux, de la suppression de la dotation du Conseil privé, du sort des instituteurs primaires, de l'enseignement supérieur et secondaire, mais la place nous est mesurée. Force nous est de nous restreindre. Le dernier discours prononcé par M. Stephen Liégeard comme député de Thionville, au corps législatif, fut relatif à l'expédition Lambert au pôle Nord.

Il s'agissait d'obtenir de l'assemblée une subvention de cent mille francs pour l'expédition préparée par M. Lambert, alors que la commission de la Chambre n'offrait que vingt mille francs.

Un brillant discours de M. Stephen Liégeard enleva le vote des cent mille francs qu'il demandait par voie d'amendement.

« Un fait est certain aujourd'hui, le *Boréal* — c'est le nom du vaisseau explorateur — le *Boréal*, avec sa coque exceptionnellement blindée, ses compatiments étanches, indépendants, est absolument prêt ; son équipage est là, il attend que vous le mettiez à flot : quatre-vingts marins éprouvés, choisis parmi plus de cinq cents aspirants, avec adjonction de savants, voilà pour le personnel. Il ne lui manque, pour prendre la mer, que votre impulsion ; après quoi, il partira pour une campagne de quatre années, dont deux au moins d'hivernage, au pôle : campagne glorieuse, car les glaces ne sont pas moins dangereuses à affronter que les boulets ou la mitraille.

« Que lui faut-il pour cela ? 100.000 francs, rien de plus. S'il ne les obtient pas de vous, M. Lambert les demandera à un troisième cent de conférences qui, assurément, ne les lui refusera pas. Mais c'est là du temps perdu pour la science ; pendant ces délais, la solution du problème peut être trouvée par d'autres peuples, chez lesquels il est à l'ordre du jour ; c'est ainsi que je lisais dernièrement dans un journal anglais, le *Times*, que le gouvernement américain va ouvrir un crédit non pas de 100.000 francs, mais de 100.000 dollars — 500.000 francs — au capitaine Hall, pour une nouvelle expédition qu'il tente au pôle Arctique.

« Il est peut-être de l'honneur de la France que vous représentez de ne pas se laisser devancer dans cette voie.

« Ah ! messieurs, je vous adjure : lorsque

tant de questions brûlantes nous divisent en cette Chambre, ne pourrons-nous pas nous réunir une fois dans un vote unanime ? Croyez-moi ! la science n'a qu'un drapeau. Eh bien, qu'il nous abrite tous aujourd'hui sous ses plis, mais après que nous y aurons inscrit une date qui a chance de rester célèbre dans les annales du monde, celle du 14 juillet 1870. » (*Vives marques d'approbation ; l'orateur, en regagnant sa place, reçoit les félicitations de ses collègues.*)

L'amendement de M. Stephen Liégeard fut adopté ; malheureusement quelques jours plus tard les manœuvres de M. de Bismarck obligeaient l'empire à la guerre. Le capitaine Lambert s'engageait et mourait : l'expédition au pôle Nord n'eut plus lieu.

M. Stephen LIEGEARD

à la Société Nationale d'Encouragement au Bien

M. Stephen LIEGEARD

à la Société Nationale d'Encouragement au Bien

Le rôle politique de M. Stephen Liégeard était terminé. Dès lors, ce sont les lettres qui l'attirent, c'est le désir de faire le bien qui le meut.

Après la guerre, M. Stephen Liégeard ne prend plus la parole que dans des solennités littéraires ou dans les fêtes de la Société Nationale d'Encouragement au Bien.

« — Que les ambitions (1) s'agitent, s'écrie-t-il, que les passions soufflent, notre œuvre est de celles qui passent à travers ces éphémères tempêtes et n'en sont pas atteintes. Dans la mêlée humaine, nous ne connaissons qu'un parti, celui des braves gens ! Aussi, fiers de les représenter, heureux d'être appelés à découvrir le mérite et à le mettre en lumière partout où il se cache, il ne dépendra pas de nous que, refleurissant avec chaque printemps, la Société Nationale d'Encouragement au Bien ne vive aussi longtemps que la vertu, la fidélité, le courage seront en honneur sous le ciel de France, c'est-à-dire toujours ! »

Ce sont là de belles paroles, de profondes pensées !

---

(1) *Pages Françaises*, Hachette et Cie 1902, page 435.

L'âme de M. Stephen Liégeard s'épanouit dans ce milieu où la vertu est aimée.

Il est heureux de relever cette statistique émouvante de ceux qui furent couronnés :

« De 1862 (2) date de sa fondation, à l'an 1900, dit M. Stephen Liégeard à la séance publique annuelle du 17 juin 1900, la Société Nationale d'Encouragement au Bien a distribué 28.550 livrets de caisse d'épargne, 9.000 médailles d'honneur, 450 médailles spéciales et médailles d'or, 286 médailles de vermeil et d'argent, 200 prix offerts par les ministères, enfin, 95 couronnes civiques, la plus haute de nos distinctions. Ces chiffres ont leur éloquence ; beaucoup de noms couronnés ont aussi la leur. A côté des associations hors de pair — *Société protectrice de l'enfance*, *Société des œuvres de mer*, *Œuvres des enfants tuberculeux* *Corps des sapeurs-pompiers*, *Ligue fraternelle des Enfants de France* — j'en passe et non des moindres — nous rencontrons ces individualités illustres, bienfaiteurs de l'humanité ou vaillants pionniers, qui s'appellent Marbeau, Taylor, Nadaud de Buffon, Milne Edwards, amiral Pothuau, Octave Gréard, Lesseps, Monteil, Chevreul, Pasteur, les docteurs Roux, Calmette, Yersin, Maurice de la Sizeranne, cet admirable aveugle si clairvoyant, et aussi le sénateur Roussel, et notre aimé doyen de Beauvais, et encore l'aumônier vénéré de Saint-Cyr, ce cher Mgr Lanusse,

(2) *Pages Françaises*, Hachette et Cie 1902, pages 462 et 463.

dont la poitrine est trop étroite à contenir les croix qui s'y pressent. Les femmes ne manquent pas davantage à ce rendez-vous des mérites suprêmes.

« Qu'il nous suffise de citer, en passant, Mlle Dodu, Mmes Boucicaut, Charles Heine, Coralie Cahen, Sœur Marie-Thérèse de l'Ordre de Saint-Vincent-de-Paul, héroïnes du champ de bataille ou héroïnes de la charité, dont la plupart ont suspendu leur couronne au ruban de la Légion d'honneur. Est-ce tout ? Non ! Les chefs d'empire eux-mêmes ,les plus aimés parmi les plus grands, nous ont permis d'inscrire leur nom sur notre Livre d'Or. C'est ainsi que nous relevons deux lauréats augustes, au palmarès de 1889 : l'empereur de Russie Alexandre III et l'impératrice Marie-Féodorowna. Malgré les hippogriffes ailés de ses pylones, le nouveau pont de la Ville de Paris avait été devancé par notre médaille, dans la course à la reconnaissance. »

Les milliers d'auditeurs saluèrent de vifs applaudissements ce résumé magnifique de la carrière déjà longue de la Société Nationale d'Encouragement au Bien.

M. Stephen Liégeard, sans se préoccuper de la fatigue, porte aussi dans les départements les encouragements de sa parole chaude et vibrante. A la séance solennelle du Comité régional Limousin, le 28 juillet 1901, il prononce un admirable discours dont nous détachons cette belle conclusion :

« — Que pouvais-je vous apporter ? Des encouragements ? Mais en avez-vous besoin, quand vos palmarès interrogés nous répondent par de multiples preuves du devoir fermement accompli ?

Des conseils ? A quoi bon, lorsque sur votre bannière je lis ces trois mots, qui, à eux seuls, suffisent à faire un peuple grand, quand il en a le respect et l'amour : *Dieu*, *Patrie*, *Famille ?* En eux tient toute votre politique, et je vous loue de n'en point connaître d'autre. Vous la pratiquiez déjà, vingt siècles écoulés, quand les *Lemovices*, vos ancêtres intrépides, alliés du Brenn patriote, envoyaient au secours d'Alésia dix mille des leurs qui allaient verser leur sang jusqu'à la dernière goutte pour la défense de la Gaule expirante.

« C'est ainsi qu'ils entendaient la Patrie, vos aïeux ; c'est ainsi qu'ils comprenaient la liberté ! Vous ne l'entendez ni ne la comprenez autrement. J'en atteste les Jourdan, les Bugeaud, arrières-neveux de ces héros pétris de votre pure argile et qu'animait une âme vraiment française. « France avant tout ! » vous écrieriez-vous volontiers avec le poète. Cette France que j'appelle simplement « Elle », car il ne saurait y avoir confusion dans l'esprit de ses fils, lorsqu'on la nomme ainsi, cette France que nous ne saurions séparer ni de son drapeau, ni de son admirable armée, depuis que ses malheurs nous l'ont rendue plus chère encore, vous allez en saluer l'image sainte avec la Muse ailée dont le patriotique essor ne saurait lasser le vôtre. Car vous ne seriez point de la terre qui s'énorgueillit d'avoir donné le jour à Gay-Lussac, si, fermement résolus à vous élever au-dessus des compétitions de partis, à planer sur les mesquines rivalités d'en bas, vous ne vous éleviez, d'un bond, vers ces régions sereines où les vains bruits du monde n'arrivent plus, où retentit seule la voix du souverain Maître pour vous répéter ce double commandement dont Arnoul faisait son Evangile : « Aimez-vous ! Aidez-vous ! » Vous y ajouterez son autre maxime favorite : « Chacun se doit à tous ! » le sort du travailleur vous étant, ainsi qu'à lui, un sujet favori de méditations.

« L'habileté, la probité de vos artisans étaient jadis passées en proverbe. Afin de les maintenir dans cette voie, vous exalterez leur dévouement, vous récompenserez leurs belles actions, vous soulagerez leurs misères, et si, d'aventure, le coffre de la charité se trouvait vide, — comme Arnoul, vous y enfermeriez l'Espérance, en y ajoutant la Foi. Alors sera bien près d'être exaucé le souhait dont M. Firmin Ardant m'envoyait l'étrenne dans sa lettre du 31 décembre expiré :

« Puissent nos successeurs se féliciter, en l'an 2000, des progrès accomplis dans une société améliorée et plus soucieuse de la véritable justice et de la vraie fraternité !

Je n'eusse pas dit si bien, et je ne saurais terminer mieux. »

La salle tout entière, qui a fréquemment interrompu l'orateur par ses marques d'approbation, lui a fait à la fin une véritable ovation, rapporte *l'extraoit du compte rendu officiel inséré au palmarès.*

C'est le propre de l'éloquence de M. Stephen Liégeard de capter de suite l'attention de l'auditoire, de l'intéresser, de la retenir et de l'enlever littéralement par de superbes envolées.

Chaque année, la fête annuelle de la Société Nationale d'encouragement au Bien est attendue avec impatience non-seulement par ceux-là mêmes qui doivent y recevoir la légitime récompense des actes vertueux accomplis par eux, mais encore par tous les lettrés, car c'est un régal d'entendre la parole éloquente de M. Stephen Liégeard.

M. Stephen LIEGEARD

PROSATEUR

M. Stephen LIEGEARD

PROSATEUR

Ayant renoncé à la politique pure, M. Stephen Liégeard, se consacra définitivement au culte des Belles-Lettres.

Mais son premier ouvrage en prose fut un acte de courage.

***

LE CRIME DU QUATRE SEPTEMBRE

Membre du corps législatif il avait assisté à la fois comme acteur et comme spectateur à ce qu'il appelle avec raison : *Le Crime du 4 septembre.*

Ne fut-ce pas un crime véritable contre la patrie que de profiter des malheurs de la France pour opérer une révolution qui n'était pas désirée par la majorité du pays ?

M. Ludovic Halévy qui a fait aussi le récit de la dernière séance du corps législatif, a écrit une page significative :

— Les cris redoublent (1), M. Jules Favre descend de la tribune. Un des sténographes

---

Le 4 septembre 1870, par Ludovic Halévy, page 34.

s'approche de lui : « Nous n'avons pas bien entendu vos paroles, M. Jules Favre, lui dit-il, est-ce que vous avez proclamé la République ?

« Et M. Jules Favre, par trois fois très énergiquement répond : « Non ! non ! non ! »

« A ce moment, un jeune homme d'une voix très nette et très forte, s'écrie : « Et les Prussiens qu'est-ce que vous en faites ? »

« *Les Prussiens, c'est vrai on n'y pensait guère.*

« Mais de grands cris de : *Vive la République !* couvrent bientôt cette interruption. *Vive la République !* cela répond à tout...

« Un de mes camarades d'invasion me dit : Est-il assez bête celui-là avec les Prussiens... Bismarck faisait la guerre à l'Empereur, mais à la République, il n'osera pas... ; il va rentrer chez lui Bismarck, et plus vite qu'il n'est venu. »

Hélas ! voilà le crime des hommes du 4 septembre ; non ! Bismarck ne rentra pas chez lui et la République coûta à la France deux provinces.

Il est aujourd'hui historiquement prouvé qu'après le désastre de Sedan, la paix pouvait être obtenue avec une indemnité de guerre.

La prétendue résistance organisée par les républicains, *pour conserver le pouvoir*, amena avec de nouvelles défaites, de nouvelles exigences de la part du vainqueur.

C'est alors que le traité de Francfort marqua le démembrement de la patrie française.

M. Stephen Liégeard, ancien député de la

Moselle, souffrit doublement du « crime du 4 septembre ».

Les pages qu'il consacre à ce crime sont des plus émouvantes.

Comme on comprend, en les lisant, cette parole de Thiers à MM. Jules Favre et Jules Simon :

— Vous vous êtes chargés d'une immense responsabilité.

Et cette interruption d'un député à l'Assemblée Nationale, dans la séance du 24 février 1872.

— Les hommes de malheur, ce sont les hommes du 4 septembre !

M. Stephen Liégeard le fait remarquer :

— (1) Trochu ! hélas ! n'a fait ni plus ni mieux que Bazaine.

« Et comme si ce n'était pas assez de hontes et de malheurs, Belleville, une fois encore, a roulé son limon sur la grande cité jetant aux tribuns le cri de déchéance qu'il jetait naguère à la Régente. Jaloux de déshonorer une héroïque défense, le faubourg sinistre a mangé le pain du pauvre, il s'est enivré du vin des malades, puis, au dessert de ces fraternelles agapes, le sang français a coulé sous les balles françaises, tandis que sifflaient et éclataient alentour les obus de l'Empereur-Roi. Et voici les clubs fermés, les conseils de guerre doublés, des journaux supprimés, des arrestations prescrites. De bonne foi était-il bien nécessaire à une poignée

(1) *Trois ans à la Chambre*, page 315.

de mécontents de renverser par surprise, sous le feu de l'ennemi, un gouvernement assis sur huit millions de suffrages, de substituer un comité usurpateur au pouvoir légitime d'une Chambre, fallait-il enfin ruiner la France par cinq mois de batailles perdues et de provinces ravagées, pour en arriver à l'anarchie au dedans, à l'anéantissement au dehors. »

Hélas ! M. Stephen Liégeard connaît l'âme française :

— La France (1), écrit-il est l'amante passionnée du succès. Elle est la grande victorieuse de quatorze siècles. L'idée d'un revers subi la consterne. A la moindre atteinte son amour-propre saigne, elle n'est que blessée, elle se croit morte. Chez elle, par une sorte de contagion morale, le poison du découragement creuse la plaie, gagne de fibre en fibre et s'infiltre jusqu'aux sources même de la vie.

Voilà pourquoi le « crime du 4 septembre » put être commis.

M. Stephen Liégeard ressentit vivement comme patriote, comme partisan fidèle de l'Empire, tout le mal commis par la Révolution du 4 septembre.

Des pages émouvantes qu'il lui consacre, nous détachons les passages suivants :

« La poudre avait parlé ,et mal parlé pour la France. Nos soldats écrasés par le nombre, fatigués de tuer, non vaincus, gisaient à la

(1) *Trois ans à la Chambre*, page 315.

frontière, entre des murs de cadavres. On avait vu ces héroïques enfants du désert, les turcos, surpris sans armes, se jeter à la gorge de l'ennemi et l'étrangler avec les griffes de la panthère. On avait vu des régiments de cuirassiers, enveloppés dans un cercle de fer et de flammes, fondre comme un bloc de glace sous la lave d'un volcan, puis, nouveaux Curtius, disparaître dans le gouffre pour le salut de leurs frères d'armes , si bien que, le lendemain, le général en chef pouvait répondre à qui lui en demandait des nouvelles :

« Des cuirassiers ?... il n'y en a plus ! » Ainsi la fortune nous trahissait dès la première étape, ouvrant la carrière à d'autres trahisons. Wissembourg ! Wœrth ! Spicheren !... trois mots qui se traduisaient en deux cris d'alarme : Mac-Mahon battu, nos frontières envahies. »

Puis ce tableau de l'invasion, et un portrait de M. Schneider qui fit preuve de courage.

— Les tribunes ont été envahies. Les premiers possesseurs, infléchis sous la pression, portent sur leurs épaules, cariatides vivantes, les honorables de Belleville et de Ménilmontant. Ceux-ci agitent au-dessus des têtes de leurs victimes d'énormes drapeaux où la couleur rouge domine. Ils chantent, ils crient, ils gloussent. Ils se croient sans doute à la descente de la Courtille ou au paradis de l'Ambigu, et se conduisent avec même décence. Les femmes, surprises par l'irruption de ces compagnons inattendus, font bonne contenance ;

elles en sont quittes pour user largement de leurs éventails et de leurs flacons.

« En face de ce public mélangé, M. Schneider a repris le fauteuil. De diverses tribunes, surtout à sa droite, s'élancent vers lui des interpellations provoquantes : « Le voilà, l'exploiteur du pauvre ! le voilà le vampire du Creusot ! l'assassin de l'ouvrier ! »

« Lui, cependant, debout, cravate blanche au col et grand cordon de la Légion d'honneur en sautoir, ne perd pas un pouce de sa petite taille. Calme et digne, la lèvre dédaigneuse, l'œil étincelant de mépris, il se tourne vers ses insulteurs et ne leur répond que par un imperceptible haussement d'épaules. Parfois, d'un mot ironique, il leur cloue l'injure à la bouche ; parfois, adjurant les hommes d'ordre, il fait appel aux sentiments de convenance qui seuls doivent avoir place en tel lieu, dans un pareil moment. Je ne suis pas suspect, lui donnant cet éloge. Aussi me croira-t-on plus volontiers quand j'affirme que M. Schneider, en ce jour détestable, fit preuve d'un grand caractère ; son âme s'élevant à la hauteur des périls, il fut du nombre de ceux qui ne faillirent point à leur mandat. Ce sera la belle page, l'éternel honneur de sa vie. »

Quoique relatives à des événements lointains, les pages consacrées par M. Stephen Liégeard demeurent émotionnantes.

L'éclat du style, la concision du récit, en font, quelles que soient les idées du lecteur, un morceau de haute littérature.

Ce sont, d'ailleurs là, les dernières pages consacrées par M. Stephen Liégeard à la politique.

⁂

Dans toutes les œuvres de l'ancien député de la Moselle, nous retrouvons ces mêmes qualités brillantes : son art de manier la plume est incomparable.

Il trouve, même dans ses simples études de critique, dans ses articles du *Pays* ou de l'*Autorité*, des images saisissantes ; il trace, en quelques lignes, des tableaux ravissants, et toujours il sait émouvoir le lecteur.

Le style, c'est l'homme, a écrit Buffon, et de fait, comme M. Stephen Liégeard aime le Vrai et le Beau, les expressions poétiques, les aperçus élevés se retrouvent sans cesse soit dans sa prose, soit dans ses vers. Avant tout, il est poète ; comme poète, il est sensible à toutes les beautés de la nature qui l'enthousiasment et le captivent.

L'ASCENSION DU NETHOU

Ayant accompli l'ascension du Nethou, il en rapporte un récit charmant : *Une visite aux Monts Maudits.*

Rien qu'en lisant cette jolie page sur la traversée du glacier, le lecteur ne sent-il pas le frisson de l'angoisse traverser ses reins ?

« Les flocons abondamment tombés durant la dernière huitaine et congelés à demi, offrent au pied une résistance incomplète des plus fatigantes. Tantôt leur couche nous porte, tantôt elle se rompt et la jambe disparaît jusqu'au genou. Rien de plus laborieux que l'effort continu que nécessite pour avancer cet état spécial du glacier. A peine s'est-on délivré d'un côté, qu'on s'engage de l'autre. Mais ceci n'est rien encore. Nous ne tardons pas, en effet, à rencontrer de perfides crevasses. Si beaucoup d'entre elles n'offrent que deux ou trois mètres de large, la plupart en ont cent de profondeur ; plusieurs sont insondables. Penché sur le bord de ces fentes à noires arêtes, frissonnant de l'horreur sacrée dont parlent les anciens, je prends un âpre plaisir à plonger l'œil dans leurs abîmes.

« Parfois, c'est la nuit qu'elles renferment, parfois aussi, à la faveur d'un rayon de soleil égaré dans un interstice, apparaissent de vrais palais de fées. Toutes les nuances du prisme se jouent à travers les stalactites gigantesques qui leur servent de colonnes ; l'émeraude y marie ses reflets à ceux du rubis et l'éclat du diamant s'y colore des feux entrecroisés de la topaze et du saphir. C'est sans doute dans un de ces palais de cristal qu'habite la Vierge maudite, la Maladetta.

« Fort peu désireux de nous en assurer, nous contournons les gouffres, non sans en avoir sondé l'approche du bout de nos piques. Tout à coup un cri m'échappe : la croûte glacée s'est effondrée sous moi, le sol me manque absolument et j'éprouve l'indéfinissable sensation du vide. Déjà j'ai disparu jusqu'à la ceinture, quand Paul et Charles, exécutant avec précision le mouvement ci-dessus relaté, tendent vigoureusement la corde et me font rebondir de la fosse, à la manière d'une balle élastique (1) ».

***

LA COTE D'AZUR

Dans la *Côte d'Azur*, M. Stephen Liégeard trouve, en un langage harmonieux, toutes les délicatesses de l'art le plus affiné.

L'Académie Française accorda le prix Bordin à cette œuvre que Philippe Gille jugea en un mot : c'est un livre de premier ordre.

Et pour annoncer, en séance solennelle de l'Institut, la haute récompense accordée à M. Stephen Liégeard, l'illustre et regretté Camille Doucet s'exprimait en ces termes :

« La *Côte d'Azur* c'est cette corniche merveilleuse qui s'étend de Marseille à Gênes. M. Stephen Liégeard l'habite au milieu des fleurs ; il l'aime et la fait aimer ; il ne la décrit pas, il la chante ; sa prose est la sœur des vers ; son style est coloré comme les beaux lieux dont il peint l'azur ; ce qui n'empêche pas ses portraits d'être très ressemblants et ses récits très exacts. Ce livre aimable est l'œuvre

(1) **Une visite aux Monts Maudits** ; Hachette et Cie, pages 62 et suivantes.

d'un poète et d'un historien qui, se complétant l'un l'autre, font ensemble fort bon ménage (1) ».

Nous ne pouvons, dans le cadre restreint qui nous est imposé, donner des citations de tous les ouvrages de M. Stephen Liégeard ; du moins, cet éloge de M. Camille Doucet est-il la preuve que nous ne sommes pas égarés dans nos jugements par la respectueuse affection que nous avons pour le grand littérateur qu'est le président de la Société Nationale d'Encouragement au Bien.

***

AU CAPRICE DE LA PLUME. — PAGES FRANÇAISES

Ce que M. Camille Doucet écrivait de la prose de M. Stephen Liégeard, à propos de la *Côte d'Azur*, est également vrai pour les études, fantaisies, recueillies dans les *Pages françaises* et dans *Au Caprice de la plume.*

Nous retrouvons dans ces deux volumes le même enthousiasme, la même ardeur généreuse, le même amour des lettres.

Parlant des *Pages Françaises*, M. Hippolyte Buffenoir a porté un jugement très juste :

« On respire, en ces pages, la chaleur communicative d'une âme bien française ; le lan-

(1) Séance publique annuelle de l'Académie française du 15 novembre 1888.

gage y est clair, harmonieux et sonore ; la pensée y est élevée, consolante, affectueuse même ; on sent qu'elle part du cœur, source première de toute grandeur, de toute magie, de toute gloire. »

Au début de la préface, nous relevons des lignes qui traduisent les pensées patriotiques de l'auteur :

« Alors qu'en décembre, lorsque le givre étoile la vitre et diamante les arbres, j'essayais de grouper ces feuilles dispersées au souffle des automnes, il m'a semblé qu'une même pensée s'en dégageait, unifiant leur diversité et les réchauffant de sa flammé : pensée ardente, en effet, dominatrice, souveraine, qu'un mot résume, « la France ».

C'est la patrie qui inspire à chaque instant M. Stephen Liégeard ; c'est ce qui donne aux glanes ainsi recueillies l'unité de conception, de telle sorte que le lecteur croit, radieuse vision, reconnaître à travers elles l'image sainte de la patrie.

XAVIER MARMIER

A Xavier Marmier qu'il connut beaucoup et auquel l'unit une profonde amitié, M. Stephen Liégeard consacre une étude charmante qui parut d'abord dans l'*Autorité* en décembre 1892.

« Celui qui tant voyagea repose aujourd'hui dans le cimetière de sa ville natale. Il a voulu que la tombe fût près du berceau. Ses livres l'ont suivi, comme il convenait aux inséparables compagnons de sa vie : leur offrande magnifique perpétuera sa mémoire, là surtout où le généreux tenait à ne pas être oublié. Désormais, il dort sous l'herbe qui recouvre une mère adorée, non loin de ceux qui l'ont le plus chéri... Et, qui sait ? Quand renaîtra ce printemps qu'il craignait de ne plus revoir, son âme, rappelée par les effluves de mai, reviendra peut-être, elle aussi, vers les sources qui descendent de la montagne à travers la mousse veloutée, sous les feuilles de la menthe et les rameaux du framboisier. Peut-être, aux pâles clartés des nuits, cette Fée des grottes prochaines, cette *Dame Verte* qu'il décrivait trop bien pour ne l'avoir point aperçue, s'inclinera sur l'urne de marbre que la Franche-Comté prépare à l'un de ses fils préférés, et elle y effeuillera les marguerites dont s'argente sa chevelure. Y lira-t-elle alors l'inscription que le Maître me dictait, un soir, comme devant lui agréer entre toutes : « Ci-gît Xavier Marmier : il aima la mer, les montagnes, les femmes, les livres, les pauvres et les chiens ? » Qu'importe ? un mot suffit à l'épitaphe, son nom, car ce nom pour la France entière, est synonyme de bonté, de vaillance, de talent et d'honneur. »

Puis ce sont des études consacrées à la baronne Double (Etincelle), à Henri de Bornier, à François Rude, Lord Lytton, Jacques Vincent, Philippe Gilles, Henry Houssaye, de Heredia, Paul Bourget, etc.

Toujours, en quelques mots, M. Stephen Liégeard sait tracer la caractéristique du poète, du littérateur, de l'historien qu'il étudie.

Sur Henry Houssaye, il écrit ces lignes :

« Si M. Henry Houssaye ne frappa pas du plectrum d'ivoire la lyre aux sept cordes, du moins toucha-t-il de près aux Muses, et par son père, un poète de race, et par son amour inné, mieux encore, par son culte pour l'Hellade, patrie des neuf Sœurs. Il les a rencontrées tout jeune, les divines, sur les flancs du Pinde ou de l'Hélicon, alors qu'au cours de ses promenades rêveuses il rafraîchissait sa lèvre aux eaux vives d'Hippocrène. Et puis, un souffle vraiment lyrique ne passe-t-il pas à travers les pages de son 1814 et de son 1815 emporté qu'est le narrateur, au vent de l'épopée napoléonienne ? Enfin, cet élu désigné dès longtemps à l'immortalité du pont des Arts, en attendant l'autre, était le disciple chéri du maître disparu ; j'ai pu m'en convaincre souvent, en ces heures dernières, où l'évocateur des sombres « Erynnies » m'honorait de son amitié. Il y avait donc toutes sortes de bonnes raisons, sans parler du talent qui compte aussi parfois dans le vote des Quarante, pour que la succession du vieil Aède s'ouvrît au profit du jeune et brillant écrivain. »

***

DIJON AU XVIIIe SIECLE

Des *Pages Françaises* nous détachons encore ce passage que M. Stephen Liégeard consacre à Dijon :

« Ah ! s'écrie-t-il, l'aimable retour aux rives d'antan, et combien, en vrai *laudator temporis acti*, j'estime ce passé supérieur au présent !

« Entrons-nous en ville ? même impression de douceur exquise. On dirait d'un bouquet fané qui a gardé son parfum. Certes, nous n'allons trouver, ni, tendus sur nos têtes, ces fils escaladant les toits pour transmettre le son et la lumière, ni, rivés au sol, ces rubans de fer où glissent des arches de Noé très propres à étouffer les humains, quand elles ne les écrasent pas. Mais voilà, en revanche, l'honnête fiacre à panneaux jaunes, carrosse de saine allure, modeste auxiliaire d'une génération plus agissante qu'agitée ; mais, au plein soleil de la Tour du Téméraire, les grands bras de la télégraphie à signaux nonchalamment s'étirent, comme pour nous rappeler, par leur sage lenteur, que les mauvaises nouvelles arrivent toujours assez vite ; mais, de lourds réverbères balancés le soir, à leur double corde, éclairent d'une lueur discrète des rues bien pavées et scrupuleusement balayées ; mais, dans le cabaret du coin, le vin, gloire de nos coteaux, n'a pas subi l'insulte de la mixture homicide ; mais, sans que de malfaisants arrêtés s'en mêlent, l'ouvrage ne manque pas plus à la main que l'aliment à la pensée ; mais la Science et les Lettres continuent à s'abriter sous la simarre d'une magistrature héritière des de Brosses, des Legoux, des Pouffier ; mais, plus faible de moitié que celle d'aujourd'hui, la population de notre vieux Dijon n'en occupe pas moins sa place, large et glorieuse, dans le cœur comme dans le cerveau de la France ! »

***

UNE PREFACE DE M. STEPHEN LIEGEARD

Nous avons vu avec quel charme, M. Stephen Liégeard parle de la France, la grande patrie ; de la Bourgogne,la petite patrie ; nous avons vu comment il chérit ses amis, et comment il se plaît à louer la vertu.

Nous avons la bonne fortune d'avoir provoqué, au sujet d'un recueil de poésies : *Souvenirs et Rêveries* (1), par le commandant Ballin, une lettre-préface à la fois fine, délicate, spirituelle.

Nous ne croyons mieux faire que de la reproduire car elle peut être donnée comme un modèle du genre :

« Ah ! l'aimable livre, mon cher confrère, que celui dont vous m'avez remis les bonnes feuilles, vers l'heure où je quittais Paris ! Je vous remercie de ce compagnon de voyage hors de pair : j'augure bien de son succès, si j'en juge par l'impression qu'il me laisse. Voilà, d'un mot, l'avis que vous me demandez. Penché sur le berceau du nouveau-né, je crois pouvoir lui prédire cette double et rare fortune de plaire aux dames et d'enchanter les braves. Mars et Vénus ! eût-on dit

---

(1) *Souvenirs et Rêveries*, par le commandant Ballin. L'*Edition*, 4, rue Furstenberg, Paris.

au XVIIIe siècle ; et certes, ils ne lui eussent pas refusé leur parrainage, les poètes de l'époque galante où florissait le madrigal, où l'impromptu payé d'un sourire, parfois d'un baiser, se jouait sur la mouche assassine de quelque piquante marquise.

« Que d'abondantes, que de spirituelles improvisations, au cours de ce recueil !

« S'adresse-t-il — tel Faust dans la Kermesse — à une jeune et timide Marguerite, l'auteur sait, en termes délicats, lui insinuer qu'elle unit en elle la pure blancheur au cœur d'or de la corolle dont elle porte le nom ; et si la bénéficiaire rougit un peu du compliment, sa beauté n'en aura que plus d'éclat. — S'agit-il du supplice de l'album — l'Albumomanie — auquel la Muse est trop souvent exposée ? Il s'en tire soudain par ce joli vers négligemment jeté sur le vélin que lui tend l'exquise tortionnaire :

Mon automne sourit à ce printemps qui passe !

« Or, si pressé qu'il soit, ce printemps ne peut guère faire autrement que s'arrêter pour rendre le sourire.

« Une malicieuse lui décoche-t-elle un trait, de l'arc de ses lèvres ?

Riez, riez encor, riez toujours, Madame,

lui répond notre poëte, en s'inspirant d'Hugo, et je ne sache pas de madrigal plus agréablement tourné que celui du « Papillon et de la Rose », à l'adresse d'une Yvonne que vous connaissez mieux qu'aucun, mon cher confrère. Tout cela me semble à merveille :

> Si c'est toujours la même chose
> Que comparer la femme à la rose,
> Du moins faut-il le faire originalement,

« Et il n'y manque pas.

« Votre ami n'a d'ailleurs garde de se cantonner dans un genre, qui si gracieux soit-il, ne se défendrait peut-être pas à la longue de quelque monotonie. Des cordes de son luth enrubanné, il aime à tirer parfois la note attendrie. En voulez-vous la preuve ? Suivez alors, dans sa compagnie, cette bachelette en train de porter à quelque pauvre

> L'aumône qui soulage et le mot qui console;

« puis si, d'aventure, se trouve sur votre chemin l'un de ces bois particulièrement chers au rêveur, n'hésitez pas à y entrer avec lui.

« Il vous y montrera le vieux hêtre, large et touffu, au pied duquel il choisirait volontiers sa tombe, — le plus tard possible, s'entend, car en ces sortes de baux à longue durée, le locataire n'éprouve nulle hâte à prendre possession.

« Entre temps, je relève d'heureuses traductions ou imitations du latin, égayées, çà et là, de familiales poésies, de chansons à boire, d'aubades printanières, de prologues où pétille la vive flamme de l'esprit français : même j'ai cru voir, à certains endroits, floconner la mousse d'un toast ou s'accuser la silhouette d'un acrostiche. Diversité pourrait être la devise du volume.

« Mais une simple promenade dans les allées riantes et parfumées de ce jardin poétique n'en donnerait qu'une incomplète idée. Nous connaîtrions ce que j'appellerais volontiers « le coin des myrtes », rien de plus, et il y a davantage. Le plaisir n'est pas moindre, il s'en faut, à gravir les pentes où verdit l'immortel rameau, « le coin des lauriers ». Le poète est un vaillant soldat ; et c'est d'ailleurs à la patrie qu'il consacre ses plus beaux chants. Ses hymnes au drapeau, ses chansons de marche ont un entrain communicatif.

« On évoque, à leur écho, le souvenir des houzards blancs de 1859 entrant à Milan, et fièrement on leur répète :

Frisez votre moustache et cambrez votre taille,
Vous faites aujourd'hui la conquête des cœurs !

« La défaite, hélas ! succédera à la victoire... qu'importe ?

Quand on a l'âme bien trempée
Du même acier que son épée,
Ce que l'on veut bien, on le peut.

« Voilà qui parler s'appelle ! L'espoir des revanches étincelle dans l'œil du patriote attristé, non découragé

Car si les dieux s'en vont, ils reviennent aussi.

« En attendant leur retour, sous les sinistres lueurs d'un village en feu, le vaillant qui se souvient nous montre, en développements superbes, toutes les horreurs du champ de bataille, quand, la lutte cessant et le crépuscule tombant, les détrousseurs de morts viennent disputer leur proie aux corbeaux. Et pour nous consoler de ce sombre tableau, quelle exclamation digne de Corneille il prête à deux frères apprenant, au soir du combat, la mort de leur mère adorée :

Notre mère n'est plus... il reste la Patrie !

« Haut les cœurs ! Sonnez, clairons, battez, tambours !

« Je m'arrête, mon cher confrère, vous ayant bien mal payé, par cette trop longue causerie, du plaisir dont je reste votre débiteur. Que la faute en retombe un peu sur le commandant Ballin, votre ami : son œuvre délicieusement touffue ne permet pas à l'éloge d'être bref. Abondant en nobles et délicates pensées, ce livre a toute chance d'un chaleureux accueil, à la caserne comme au salon. C'est mon souhait, et c'est aussi la conclusion de cette lettre que, je l'espère, vous ne prendrez pas pour une préface,

Moi qui n'en lis jamais ! ni vous non plus, je crois.

STEPHEN LIÉGEARD.

Château de Brochon, 30 *septembre* 1908.

Quels que soient les genres auxquels il s'essaie, le talent de M. Stephen Liégeard s'affirme ainsi avec succès.

Mais avant tout, il est poète, ainsi que le notait M. Camille Doucet.

C'est bien le « *mens divinior* » qui inspire M. Stephen Liégeard, c'est la flamme sacrée qui l'embrase.

M. Stephen LIEGEARD

POÈTE

M. Stephen LIEGEARD

POÈTE

« La poésie, a écrit Victor Cousin, la poésie réfléchit le sentiment comme la peinture et la musique expriment ce qui est inaccessible à tout autre art, je veux dire la pensée entièrement séparée des sens et même du sentiment, la pensée qui n'a ni forme, ni couleur, ni son, la pensée dans son vol sublime, dans son abstraction la plus raffinée. »

La poésie devrait donc être cultivée, admirée, aimée par un peuple se piquant d'être intellectuel.

Or, il se trouve que la poésie est délaissée précisément à une époque où *les intellectuels* prétendent diriger le pays et réformer les lois.

C'est que hélas ! *les intellectuels* n'ont plus actuellement la mentalité de l'esprit idéal, affranchi des préjugés.

Les *intellectuels* n'ont pas cette pensée dont parle Cousin, cette pensée dont le vol est sublime, dont l'abstraction est la plus raffinée.

L'époque actuelle se pique d'être intellectuelle, elle ne l'est point en réalité, car non seulement la société dans son ensemble, mais encore dans son élite se laisse envahir par la matérialité.

Les grands seigneurs qui se flattaient d'être des Mécènes sont morts ; ils sont remplacés par les arrivistes et par les réclamistes.

Mimi Pinson elle-même qui ouvrait son âme au souffle de la poésie : Mimi Pinson qui aimait et savait aimer ; Mimi Pinson qui palpitait aux caresses de la poésie, Mimi Pinson est morte.

Le café-concert tue l'idéal, la poésie ; il enlève tout le sentiment du Beau, du Vrai et du Bien, il arrache du cœur toute palpitation pour les sentiments nobles et élevés.

Est-ce à dire que la poésie n'est plus ?

Certes non ! nous avons encore des poètes, de grands poètes, et de ce nombre est M. Stephen Liégeard.

C'est dans la poésie que son âme s'épanouit c'est en elle que toutes ses qualités de générosité, de bonté s'accentuent, grandissent et atteignent leur complet développement.

L'*Académie des Jeux Floraux* qui, au milieu de la décadence générale de l'esprit français, a conservé le culte de l'idéal, a décerné à M. Stephen Liégeard ses plus hautes récompenses.

Ayant remporté deux amarantes, deux violettes et trois soucis, il a eu l'honneur d'être nommé maître ès-jeux floraux « avec droit d'assister à toutes les séances publiques et particulières. »

Cet honneur fut accordé à M. Stephen Liégeard dès l'année 1866, mais depuis son talent déjà affirmé a trouvé des envolées dignes de Corneille et de Racine.

A L'OMBRE DE DANTE ALIGHIERI

A l'occasion du sixième anniversaire séculaire de la naissance de Dante célébré le 14 mai 1865, Florence étant en fête, M. Stéphen Liégeard écrivit un poème couronné par l'Académie des Jeux Floraux.

En voici les premières strophes :

Les torches ont pâli sur les balcons de marbre,
Le dernier chant de fête a traversé les airs :
Plus d'aigrettes de feu scintillant d'arbre en arbre,
Le bruit des pas s'éteint sous les arceaux déserts.
Seul — tandis que, de pourpre encore toute vêtue
Florence en s'endormant, murmure un nom chéri,
Seul, avec ma pensée, au pied de ta statue
Je veille, o Dante Alighieri !

Te voilà donc, géant, qui debout sur l'Erèbe,
Osas heurter du front les astres souverains :
Te voilà, dédaigneux des clameurs de la plèbe,
La robe du proscrit serrée autour des reins,
T'avançant dans la vie, âpre, sublime, étrange,
— Si bien que les enfants de ton siècle de fer
Disaient en te voyant pareil au sombre Archange :
« C'est celui qui vient de l'Enfer ! »

Te voilà tel qu'un soir l'infernale tempête
Te fouetta de son aile en la cité des pleurs.
L'aigle rampe à ton socle, un laurier ceint ta tête.
Sous le carrare ému qui trahit tes douleurs,
L'hydre du souvenir se glisse et te va mordre ;
Ton cœur gronde, orageux ; on dirait à te voir
Le presser de ta main, que ta main veut le tordre
Pour en chasser le désespoir.

Va, ne tourmente plus de ta fiévreuse étreinte
Ce cœur dont chaque élan se perd dans un sanglot :
Des larmes d'une mère, il a gardé l'empreinte;
Son berceau fut l'exil, l'infortune est son lot !
Dût le Styx le tremper contre la tyrannie,
Quand son jour aura lui de battre ou de souffrir,
Ces deux tyrans divins, l'amour et le génie,
Sauront bien se le faire ouvrir.

Puis M. Stephen Liégeard chante « les deux Filles du Rhin » :

Qu'il est fougueux, le Rhin, en ses ardeurs naissantes,
Lorsque brisant du front les glaces impuissantes
A garder, malgré lui, sa mâle puberté,
Plus promt que l'arc de Tell quand pour Gessler il
[vibre,
Par trois jets il s'élance, impétueux et libre,
Du vieux sol de la liberté.

Du *Verger d'Isaure*, nous détachons encore ce délicieux sonnet :

BENEDICTA

Dans le verger d'Isaure, au doux ciel de Toulouse,
Un soir de mai j'entrai comme on entre en rêvant.
L'étoile sous l'azur, les fleurs sur la pelouse
Célébraient dans la nuit l'hymne du dieu vivant.

Elles chantaient Jésus et la divine épouse,
Et leurs soupirs montaient sur les ailes du vent :
De plaire à Maria chacune était jalouse !
Eglantine, amarante au panache mouvant,

Souci d'or, primevère ou pâles violettes
Du plus pur des encens vidaient leurs cassolettes,
Luttant par les parfums, luttant par les couleurs.

Seul le lis se parait d'un éclat sans mélange,
Quand la brise apporta ces paroles de l'ange :
« Blanche fleur, sois bénie entre toutes les fleurs !

***

L'armée (1) a inspiré à M. Stephen Liégeard une ode magnifique d'où nous détachons les principales strophes :

L'Armée !... auguste nom tout étoilé de flammes
Dont le magique éclat, fait de poudre et d'acier,
Resplendit à nos yeux et résonne en nos âmes :

(1) *Brins de laurier*, Hachette et Cie, 1909.

L'Armée où Dieu plaça le glaive justicier
Qui, vainqueur ou vaincu, sort pur de la bataille,
L'Armée, ardent essaim de braves toujours prêts
Où, comme en un miroir qui sied bien à sa taille,
Le pays reconnaît ses traits !

Quinze siècles chez nous ont écrit son histoire.
Ils ont, pour en tracer les feuillets immortels,
Su ravir mainte plume à ton aile, ô victoire !
Et lorsque la Fortune, oubliant tes autels,
Laissait dans les grands heurts nos preux couchés sur [l'herbe,
Entrevoyant l'étoile à travers le ciel noir,
Ils empruntaient une encre empourprée et superbe
Au noble sang d'un Beaumanoir.

Nous les pouvons tourner les pages glorieuses,
Sans peur que quelque tache altère leur splendeur;
Un souffle viril court sur ces Victorieuses,
A son brûlant baiser se rallume l'ardeur,
Tant l'éclat des hauts faits rend les âmes plus hautes !
Et devant un Condé, près d'un Napoléon,
Nous songeons, le cœur fier, que pour de pareils hôtes,
Ce serait peu qu'un Panthéon.

Eh ! bien, ce livre-là, cet auguste héritage
Transmis par les aïeux, au prix de cent combats,
Se peut-il qu'il n'ait plus que l'insulte en partage,
Que des monstres rampants qui se dressent d'en bas
Tentent de le souiller sous une bave immonde,
Et traînent à l'égoût, comme un vil oripeau,
L'emblème aux plis duquel s'est abrité le monde,
Et qui s'appelle le drapeau ?

Ce drapeau qu'un héros tenait au pont d'Arcole,
Le drapeau de Valmy, d'Austerlitz, d'Iéna,
Qui toujours de l'honneur fut la muette école,
Que l'éternel laurier pour jamais couronna;
Lui par qui les cyprès reverdissent en palmes,
Lui qui, mouillant nos yeux d'irrésistibles pleurs,
Met une fièvre ardente aux veines les plus calmes,
Lorsque passent ses trois couleurs ?

C'est lui qui triomphait, victorieux du bouge,
Quand notre Lamartine, aux jours de Février,
D'un coup d'aile inspiré trouant la loque rouge,
Faisait passer son âme au cœur de l'ouvrier;
Quand, le soir du revers, pour ne se laisser prendre.

Ses frères librement sur la flamme entassés,
Brûlaient, prêts à renaître éclatants de leur cendre,
Tel le Phénix, aux temps passés.

Ah ! contempleurs obscurs du radieux symbole,
Pour n'en paraître émus êtes-vous donc de roc ?
— « Arrière ! avez-vous dit : plus de vaine hyperbole !
Que nous veut ce chiffon ? » — Demandez au Maroc,
Alors que, la poitrine à cent coups exposée,
Notre petit soldat, grand semeur de succès,
Lui verse de son sang la féconde rosée,
Se souvenant qu'il est Français !

Et flétrissant les sans patrie, cinglant d'un coup de cravache les criminels apôtres de quelque vague humanité, le poète ajoute :

Ils vous diront, ceux-là, que tout homme est un frère,
Que d'un même limon les peuples sont pétris,
Qu'à l'appel du clairon chacun peut se soustraire,
Que les sanglants lauriers sont à jamais flétris,
Que de vains préjugés s'en allant en fumée,
Par dessus la frontière, à l'heure du danger,
Il suffira de tendre une main désarmée
Au gant de fer de l'étranger.

Insensés ! ont-il donc perdu toute mémoire ?
Quand le flot irrité s'est retiré de lui,
Le sable quelque temps en garde encore la moire :
Pour eux l'ombre n'est plus, dès qu'une étoile a lui !
Rien ne leur reste, rien des surprises farouches,
Rien du foyer détruit, du soudard rançonneur,
Et l'écho s'est éteint des dernières cartouches
Qui nous sauvaient du moins l'honneur.

Mais nous nous souvenons, nous, les enfants de France !
Nous connaissons le bras sans faiblesse et sans peur
Qui, sur nos deuils cruels arborant l'Espérance,
A du nuage obscur dissipé la vapeur.
Le bras qui, vers l'instant où la fortune penche,
Se raidit plus vaillant pour la mieux soutenir,
Et, du bout de l'épée, inscrit le mot « revanche »
Au livre d'or de l'Avenir.

Aussi, pour nous, l'armée est la Patrie en armes ;
Lorsque le clairon sonne ou que le tambour bat,
Notre cœur lui répond et notre œil a des larmes;

La noble ardeur nous point que donne le combat;
Emportés par le vent du drapeau que l'air fouette,
Fiers du pur diamant demeuré sans défaut.
Nous lui crions : « Salut à toi, grande muette,
Qui sais parler quand il le faut ! »

D'un poème qu'il consacre aux *Dames de la Croix Rouge*, nous détachons encore des strophes inspirées du plus pur patriotisme :

Reines de la pitié, filles d'illustres mères,
Votre saint dévoûment se réclame de loin !
Elles versaient le miel sur les coupes amères
Dans les grands heurts d'acier où Roland fut témoin
Ces vierges qui, laissant la lance aux Bradamantes,
Allaient parmi les morts chercher le délaissé,
Ames faites d'amour, intrépides amantes
Qui rendaient vie au corps blessé.

L'airain garde leur nom, le marbre leur image...
Chez elles, frêle main vaut gantelet de fer;
Sa caresse au vaincu semble un divin hommage :
C'est comme un reflet bleu sur le seuil de l'Enfer,
C'est le philtre enchanté, c'est la guérison sûre,
C'est la blonde Angélique à genoux vers Médor
Qui sèche, en l'étanchant, le sang de la blessure
Au baiser de ses cheveux d'or.

De nos nobles labeurs saluons ces aïeules !
Sous le chaume, au manoir d'où s'éloigne le preux,
Le culte des absents ne les laisse point seules;
Vainqueurs, ils leurs sont chers, mais plus chers, mal-
[heureux :
Et quand l'Anglais est là sur notre sol qu'il souille,
On les voit, prolongeant la nuit jusqu'au déclin.
Rouler sur le fuseau l'or roux de leur quenouille
Pour la rançon de Duguesclin.

. . . .

Mais que plus fort nos cœurs à votre appel vont battre,
Quand par delà les flots tendant vers eux la main,
A ces vaillants du Ca[illegible] rien ne peut abattre,
Aux inconnus d'hier[illegible] le demain,
Vous portez votre o[illegible]sque l'heure approche,
Venez crier : « Salut, [illegible]auté.
Petit peuple sans peur [illegible]t sans reproche.
Sais mourir pou[illegible] liberté ! »

A vous aussi salut, Dames de la Croix-Rouge !
Qu'un coup de foudre éclate annonçant le danger,
Votre cœur attendra sans qu'une fibre en bouge !
Vers vous avec respect s'incline l'étranger;
Vous êtes la pitié qu'il ignorait naguère,
Vous êtes l'arc-en-ciel sous le nuage épais.
Le soldat trouve en vous son vrai trésor de guerre.
La France, son joyau de paix.

QUELQUES SONNETS

M. Stephen Liégeard excelle dans le sonnet. Nous en cueillons quelques-uns de genre différent afin de montrer la variété du poète :

SEPTEMBRE

Pampre au front, serpe en main, voici venir Septembre...
D'un vol prompt sur ses pas s'élance la chanson:
Il vient par les coteaux, le divin échanson,
Mêler ses clairs rubis aux grains dorés de l'ambre.

Son chaume est le sarment, le raisin, sa moisson :
Fier du gai vendangeur qui sous l'osier se cambre,
Il dit au buveur d'eau : « Courbe-toi, froid Sicambre ! »
Il tend au vieux Burgonde un cep pour étançon.

Par lui le pressoir craque et bout à flots la cuve;
Déjà des flancs rougis de l'odorante étuve
Jaillit l'esprit subtil, feu follet du succès :

Car Septembre du thyrse arme plus d'un athlète,
Car, donnant force aux preux et génie au poète,
Du sang pur de la vigne il fait le sang français !

LES NOCES D'OR

Il neige... les époux reviennent de l'église.
Lui, joyeux, à son bras emmène le printemps;
Elle, sourit au ciel que l'espérance irise;
Tout chante dans leur âme : il aime, elle a vingt ans !

Cinquante hivers sur eux ont neigé... mais sans prise;
Tête et cœur sont debout sous les flocons du temps;
Leur long serment d'amour a défié la brise,
Quand tout change autour d'eux, eux seuls restent
[constants.

Aussi, les deux époux, sûrs de se bien connaître,
Ont renoué la chaîne entre les mains du prêtre;
Les fleurs qui la tressaient vont refleurir encor.

Au Dieu qui le permet, amis, rendons hommage,
Et par lui puissions-nous un jour, à leur image,
Sous des cheveux d'argent fêter les noces d'or.

A BEATRIX (1)

Par un beau jour de fête, au matin de la vie
L'Amour comme une fleur te met sur son chemin,
Tu passes et soudain sa jeune âme est ravie...
Dante a cru voir le ciel dans un regard humain.

Joie, hélas ! d'un instant qu'un long deuil a suivie.
La mort fait un linceul de son voile d'hymen !
Qu'importe si la gloire aux sommets le convie ?
Dante a connu l'Enfer des jours sans lendemain.

Alors, en souriant, tu lui tends une lyre,
Ta main ouvre les cieux et lui permet d'y lire.
Mais de tant d'astres d'or un seul garde sa foi;

Et forgeant un burin, du fer de son épée,
Il grave à ta lueur, la divine épopée :
Car son unique étoile, ô Béatrix... c'est toi

Ce sonnet plut tellement au souverain si lettré que fut Don Pedro II d'Alcantara, que celui-ci en fit une traduction.

***

Ignorant de l'intrigue, fièrement drapé dans son drapeau vaincu, Stephen Liégeard suit sa

(1) Rêves et Combats, page 101.

vie en conservant au cœur le souvenir de ceux qu'il aima.

Il pourrait inscrire sous son portrait ces vers qu'il traça sous celui de Paul de Cassagnac :

Des pics du fier dédain dont il fait ses domaines (1)
Il voit passer le flot des lâchetés humaines,
Et jamais à l'espoir un cœur ne dit adieu.

Car plus haut, dans le ciel, par dessus nos misères
Flotte au vent glorieux des grands anniversaires,
Ce saint drapeau qu'il tient « pour la France et pour
[Dieu ! »

Aimer ! Oh ! le poète connaît ce sentiment ; il aime sa France, il aime son Dieu, il aime l'humanité.

Il chanta les *Grands Cœurs*, il chanta les amours et les saintes amitiés.

Ne sont-ils pas à retenir ces vers que nous trouvons dans « *Aimer !* » :

LA MAIN (2)

I

Que bénie à jamais soit l'heure où dans la mienne,
Pour la première fois a tressailli ta main !
Nul besoin, ce jour-là, que quelque Bohémienne
Y vînt lire le sort qui nous attend demain.

Ce fut ton œuvre à toi, douce magicienne
D'unir l'astre au rêveur, en un secret hymen ;
Ni Béatrix, ni Laure, ou la Pia de Sienne,
N'ont pour aller au cœur suivi meilleur chemin.

---

(1) Rêves et Combats, page 106.
(2) « Aimer ». Librairie Hachette, page 10.

Car soudain j'ai senti refleurir ma jeunesse,
Car l'écho du printemps a dit : « Que tout renaisse ! »
Car l'avril a passé dans mes sens reverdis...

Aube, qui change l'ombre en lueur irisée,
O toi qui sur ma peine as versé ta rosée,
Faut-il encore aimer, souffrir, espérer ?... Dis !

II

Et la brise, en passant, a semblé dire : « Espère !
Tu souffriras peut-être... as-tu peur de souffrir ?
Le philtre n'est pas loin de qui le charme opère :
L'Amour t'ayant blessé saura bien te guérir.

« Bois au hanap fleuri, bois jusqu'à le tarir...
Crains-tu que sous les fleurs ne dorme la vipère ?
Au soudain sifflement sorti de son repaire
Les échos répondraient par un seul mot : chérir ! »

— Soit donc, et puisqu'aimer est un besoin de l'âme,
Aimons, quoiqu'il en coûte, et que ton feu m'enflamme,
Eros, tyran divin, dont je sens le pouvoir !

A tes coups, le sein nu, sans terreur je me livre ;
Frappe ! il est des tourments à qui l'on doit de vivre,
Et si mon sang est pur, ton arc le fera voir.

N'est-ce pas un chant attendri de l'amour qui lie deux cœurs ?

Comme on se sent renaître à l'espoir, à la vie, en relisant ces vers ? Certes, il faut aimer !

Il faut aimer malgré la souffrance qui peut en résulter.

Toute âme généreuse, éprise d'idéal, aime, sait aimer.

L'amour, l'amitié, ce sont les sentiments les plus nobles : le Sauveur mourant sur la croix pour le rachat de l'humanité, donna l'exemple de l'amour idéal qui jamais ne sera égalé et, depuis, l'Eglise catholique a produit cette magnifique floraison de martyrs et de fidèles affirmant dans le sang leur foi et leur amour ; puis c'est la légion des héros tombés sur les champs de bataille par amour de la patrie ; ce sont les cohortes magnifiques que récompense chaque année la Société Nationale d'Encouragement au Bien, ces cohortes de braves gens ayant accompli des actes méritoires par amour du devoir, du bien, de la vertu.

Nul ne trouva des termes plus élevés pour chanter les « grands cœurs » qui ne battirent jamais que pour Dieu, pour la patrie, pour le prochain.

Ce livre qui fut couronné par l'Académie Française qui lui accorda le prix Montyon, ce livre, devrait être dans toutes les mains.

O les pages réconfortantes !

C'est à un ami, c'est à Paul de Cassagnac qu'il dédie ce volume :

A toi ce livre, ami, qui parle des grands cœurs.
Si tu n'y sens frémir le luth de l'épopée,
Peut-être en verras-tu se dégager vainqueurs
Des tressaillements d'âme et des lueurs d'épée.

Car l'heure est rude aux preux... Combien d'âpres liqueurs
Où notre lèvre hélas ! s'est coup sur coup trempée !
Que d'aubes sans midi ! que de follets moqueurs
Brisant leurs vains roseaux dans notre main trompée.

Certes, l'heure est rude aux preux, mais des vers comme ceux de M. Stephen Liégeard sont un précieux réconfort, aussi bien pour les vaincus de la vie que pour ceux qui, en pleine mêlée, soutiennent le bon combat.

Et pouvait-il mieux choisir pour dédier son livre, que celui qui pendant près d'un demi siècle incarna la fidélité et l'amour de Dieu et de la France.

Tout serait à citer, dans les *Grands Cœurs*. N'est-elle pas admirable ? Cette description du Lion de Lucerne ?

Couché, le fer au rein, la crinière sanglante,
Il meurt... l'œil a des pleurs, car l'agonie est lente.
La griffe sur les lis où retombe son front
Prêt à les protéger contre un dernier affront,
Pour la dernière fois, il rugit sa menace...
Puis d'un muet dédain la fouettant à la face,
Semble dire à la meute immonde qui le mord;
« Attends, pour y toucher, que le lion soit mort !

Puis, c'est le *Chant à la Moselle*.

Salut, nymphe des champs, orgueil de la prairie !

C'est la mort du prince impérial qui inspire au poète des accents touchants :

Tu fus son *petit Prince* et seras son idole,
Jusqu'à l'heure où ta cendre, avec ton auréole,
Passera sous l'arc d'Austerlitz...

Et puis quand les soleils, en poursuivant leur course,
De tant de pleurs versés auront tari la source,
Peut-être alors qu'un chantre inspiré va venir
Génie à l'ongle d'aigle, âme au large coup d'aile,
Qui dans les flamboiements de sa strophe immortelle
Incrustera ton souvenir.

Le culte du souvenir, Stephen Liégeard le cultive en son cœur.

Le poète se souvient, mais non pas des mesquineries, des vilaines actions, des méchancetés ; il ne les connaît pas. Stephen Liégeard a la mémoire du bien, des actes vertueux, il a la mémoire qui fait un homme fort dans toute l'acception du mot, qui fait un patriote, un grand citoyen.

A ces qualités maîtresses, il joint une exquise sensibilité qui, inspirée par la Muse, fait de lui un poète tour à tour délicat et tragique.

L'Académie Française, qui tant de fois couronna ses œuvres, s'honorerait en le faisant asseoir au fauteuil que depuis si longtemps il mérite par ses discours, par ses œuvres littéraires, par ses poésies aux superbes envolées.

Ce faisant, l'Académie ne fera que ratifier le choix populaire.

YVES DE CONSTANTIN.

BIBLIOGRAPHIE

De la Maxime : « Le Partage est déclaratif de propriété », monographie qui a remporté la médaille d'or au concours du Doctorat, 3e édition, Paris, Auguste Durand, 3 fr.

Le Verger d'Isaure, poèmes couronnés. Paris, Hachette, 1 volume, 3 fr. 50.

Trois ans à la Chambre : Travaux législatifs et discours prononcés à la tribune. Paris, Dentu, 1 volume, 3 fr. 50.

Une visite aux monts maudits. Paris, Hachette, 1 fr.

Vingt journées au pays de Luchon. Paris, Hachette, 1 volume avec carte, 3 fr. 50.

A travers l'Engadine, la Valteline, le Tyrol du sud et les lacs de l'Italie supérieure, nouvelle édition. Paris, Hachette, 1 volume, 3 fr. 50.

Les Grands Cœurs, couronné par l'Académie Française (prix Montyon), 6e édition. Paris, Hachette, 1 volume, 3 fr. 50.

La Côte d'Azur, couronné par l'Académie Française (prix Bordin), magnifique volume, orné de 250 gravures. Paris, Maison Quantin, 25.35 et 40 francs.

Nouvelle édition, format réduit, avec gravures supplémentaires, à la librairie du *Figaro*, 5 et 10 francs.

Au caprice de la plume. Paris, Hachette, 1 volume, 3 fr. 50.

Rêves et combats, nouvelles poésies. Paris, Hachette, 1 volume, 3 fr. 50.

Les saisons et les mois, sonnets orn[illegible] cinquante eaux-fortes par Paul Avril, et [illegible] portrait de l'auteur, par Focillon, éditi[illegible] grand luxe. Paris, Motteroz, 80 et 100 fr[illegible]

Pages françaises. Paris, Hachette, 1 [illegible] volume in-8°, 7 fr. 50.

Aimer ! Paris, Hachette, recueil de 101 [illegible] nets, 5 francs.

Brins de laurier, Paris, Hachette, [illegible] 7 fr. 50.

www.ingramcontent.com/pod-product-compliance
Ingram Content Group UK Ltd.
Pitfield, Milton Keynes, MK11 3LW, UK
UKHW020950180726
13838UKWH00003B/1234

9 782329 348568